To. 사랑스러운 꿈을 꾸는

_____에게

이 책을 드립니다.

From. _____

디즈니 프린세스,
내일의 너는 더 빛날 거야

Copyright © 2019 Disney Enterprises, Inc. All rights reserved

이 책의 한국어판 저작권은 Disney 사와의 독점 계약으로 알에이치코리아에서 소유합니다.
저작권 법에 의하여 한국 내에서 보호를 받는 저작물이므로 무단전재 및 복제를 금합니다.

지금
그대로 사랑스러운
당신에게

디즈니 프린세스,
내일의 너는
더 빛날 거야

디즈니 프린세스
원작

알에이치코리아

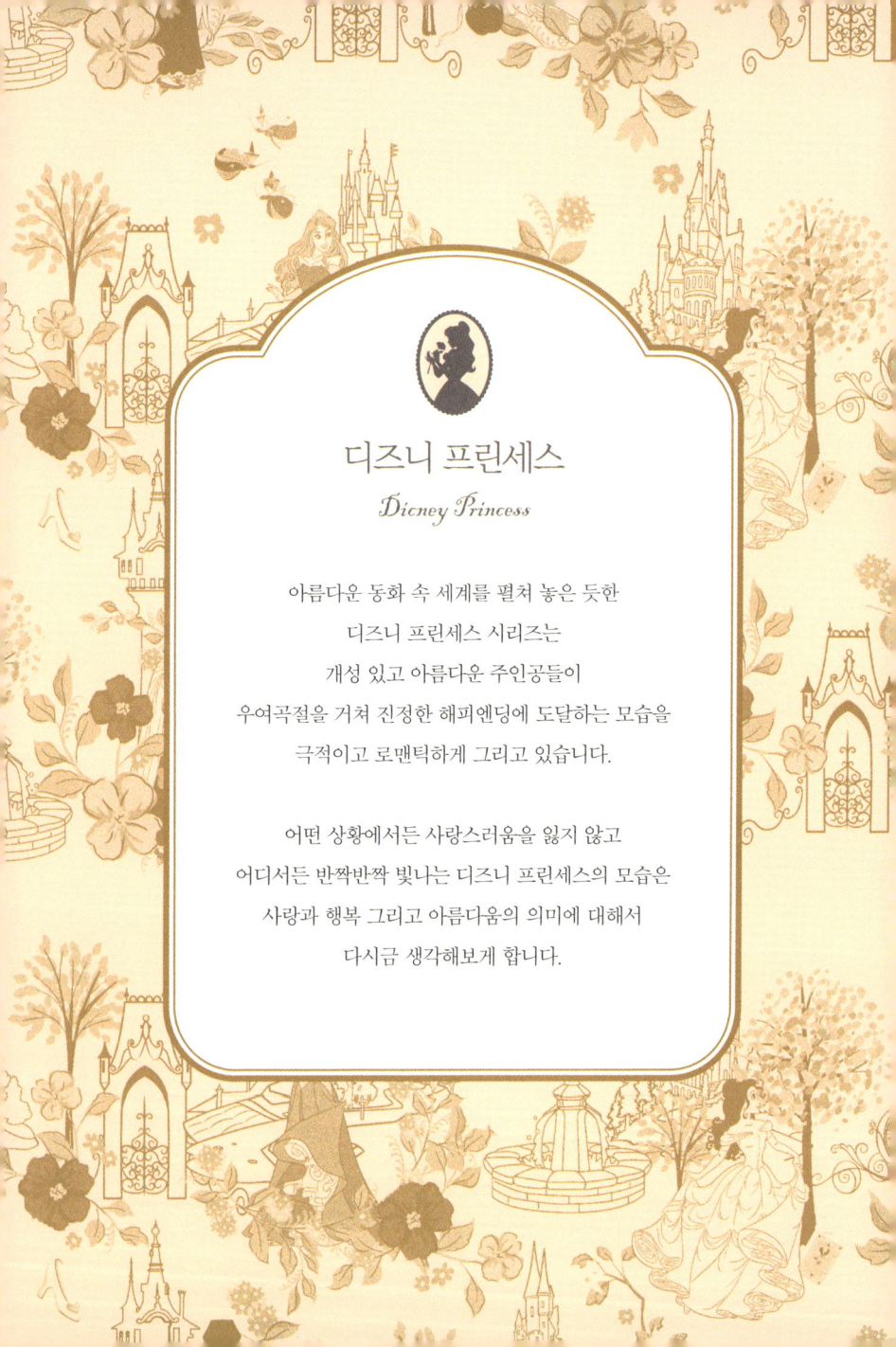

디즈니 프린세스
Disney Princess

아름다운 동화 속 세계를 펼쳐 놓은 듯한
디즈니 프린세스 시리즈는
개성 있고 아름다운 주인공들이
우여곡절을 거쳐 진정한 해피엔딩에 도달하는 모습을
극적이고 로맨틱하게 그리고 있습니다.

어떤 상황에서든 사랑스러움을 잃지 않고
어디서든 반짝반짝 빛나는 디즈니 프린세스의 모습은
사랑과 행복 그리고 아름다움의 의미에 대해서
다시금 생각해보게 합니다.

만약 당신이 계속해서 믿는다면,
If you you keep on believing,

그 꿈은 이루어질 거예요.
the dreams you wish will come true.

사랑을 부르는 것은 사랑의 말이에요

행복을 손에 넣고 싶나요? 그 중심에는 사랑이 있습니다. 그것은 내 삶과 가족 그리고 친구와 연인에 대한 사랑입니다. 디즈니 프린세스 시리즈 속 주인공들을 보면 스스로 반짝이는 것처럼 보이지만, 주변에 늘 그녀들에게 빛을 주는 존재들이 있습니다. 백설공주의 일곱 난쟁이, 미녀와 야수의 포트 부인과 뤼미에르, 인어공주의 세바스찬처럼 말이지요. 그렇게 많은 이들의 도움을 받아 진정한 사랑에 한 걸음 더 다가가고, 원하는 목적지에도 도착할 수 있었습니다.

그리고 디즈니 프린세스에게는 또 다른 공통점이 있습니다. 숱한 어려움 속에서도 긍정적인 면을 발견하고, 어떤 상황에 처해 있든 상냥함을 잃지 않았다는 것입니다. 그것은 내면의 강인함과 사랑을 모두 가지고 있기에 가능한 일이지요.

"기억해. 너는 세상을 햇빛으로 가득 채울 수 있는 존재라는걸."
"진정한 아름다움은 내면에 있단다."

이렇듯 〈백설공주〉, 〈미녀와 야수〉 속 명대사처럼 디즈니 프린세스 시리즈를 관통하는 메시지 중 하나는 '사랑과 내면의 아름다움'입니다. 〈백설공주〉의 왕비도 이미 충분한 아름다움을 가지고 있었지만, 백설

Prologue

공주는 사랑스럽고 밝게 왕비는 어딘지 음험하고 어둡게 표현되는 건 그런 이유겠지요.

그것은 우리의 삶에서도 마찬가지입니다. 이상하게 하는 일마다 잘 되고, 주변에 사람이 모이는 사람들이 있습니다. 살펴보면 긍정적으로 생각하고, 상냥하게 말하며, 어떤 상황에서든 당당한 사람들입니다. 그런 사람들은 어두운 곳에 있어도 반짝반짝 빛이 나지요. 그러니 '나는 왜 빛나지 않을까?'라고 생각만 하지 말고 먼저 사랑과 빛이 가득 담긴 말과 행동을 해보세요. 행복의 말이 행복을 불러오는 것처럼 말에 무엇을 담느냐에 따라 우리의 외면과 내면 그리고 인생의 모습도 달라지니까요.

여기에 행복의 중심에는 사랑이 있다고 말하는 철학자가 있습니다. 사랑받고 싶다면 먼저 사랑하라며 사랑의 태도에 대해 이야기했던 철학자 카를 힐티입니다. 이 책은 디즈니 프린세스들의 삶에 대한 상냥한 태도와 카를 힐티의 사랑과 행복에 관한 메시지가 모두 담겨 있습니다. 행복이 도무지 무엇인지 모르겠고, 인생의 행운이란 나와 무관한 것처럼 느껴질 때 이 책의 한 구절을 펼쳐보세요. 이 책의 한 줄이 진정한 사랑을 찾는 한 걸음이 되기를 바랍니다.

디즈니 프린세스 캐릭터 소개

백설공주

눈처럼 흰 피부에 칠흑 같은
머리카락을 가진 아름다운 공주.
상냥하고 부지런한 성격으로
모두의 사랑을 받는다.

신데렐라

'재투성이'라는 별명을 가진 소녀.
불우한 환경에도 희망을
잃지 않는 긍정적인 성격을 가졌다.

자스민

아름다운 용모의 아그라바 공주.
매우 영리하고 현명하며
유머감각이 있다.

오로라

태어날 때부터 정해진
불운을 안고 태어난 공주.
16세 생일에 물레 바늘에 찔려
잠이 들었다.

벨

책을 좋아하는
지적인 매력을 가진 여인.
따뜻하고 배려심이 깊으면서,
때로는 강단 있는 모습을 보인다.

에리얼

깊은 바닷속 인어 궁전에 사는 공주.
호기심이 많고 명랑하다.

010 **prologue** 사랑을 부르는 것은 사랑의 말이에요

012 디즈니 프린세스 캐릭터 소개

 완벽하지 않아서 더 사랑스러운 당신에게

024 상대방을 조금씩 깊이 알아가세요
026 솔직하고 담백한 태도면 충분해요
028 자연스러운 당신의 모습이 사랑스러워요
030 행복은 만족할 줄 아는 마음이에요
032 관계에서 징크스를 믿지 마세요
034 사랑의 본질은 마음에 있어요
036 상황에 흔들리지 말고 자신의 길을 가세요
038 내가 좋아하는 나의 모습을 찾으세요
040 원하지 않는 것은 정확히 말하세요
042 불안은 입 밖으로 뱉을수록 점점 커져요
044 "괜찮아 같이 해결하면 돼"라고 말해보세요
046 고민된다는 것은 당신에게 수많은 가능성이 있다는 뜻이에요
048 작은 기쁨의 순간들을 소중히 여기세요
050 당신은 충분히 매력적인 사람이에요
052 당신은 이미 많은 것을 가지고 있는 지도 몰라요

054 운이 좋은 사람이라는 마법 같은 말

056 행복을 타인과 비교하지 말아요

058 슬픔은 슬픔만이 안아줄 수 있어요

060 화가 날 때는 차분하고 단호한 한마디면 족해요

062 사랑받고 싶은 만큼 먼저 사랑하세요

064 타인의 말보다는 자신의 느낌을 믿으세요

066 하루에 하나씩 사소한 친절을 베풀어보세요

068 좋은 사람이 되겠다는 강박을 버리세요

070 진짜 나의 모습을 보여줄 수 있는 사람

072 세상에는 여러 가지 아름다움이 있어요

074 공감해주는 걸로 충분할 때도 있어요

076 나의 기준으로 다른 사람을 판단하지 말아요

078 우리는 이미 소중한 것들을 가지고 있어요

080 조금 더 편안하게 자신을 드러내보세요

082 자신의 길을 찾은 이들은 반짝여요

우리가 사랑할 때 기억할 것들

088 비 온 뒤 땅이 굳듯이 사랑도

090 행복이 무엇이라고 생각하나요

092 가장 큰 감동을 주는 것은 한결같은 마음이에요

094 불편한 마음이 들 땐 가만히 마음을 들여다보세요

096 마음이 가라앉지 않도록 상대를 안아주세요

098 감정적이 되는 순간 심호흡을 한번 해보세요

100 사랑에 '만약'은 필요 없어요

102 당신이 느끼는 그 마음에만 집중하면 돼요

104 실수는 돌이킬 수 없지만

106 사소한 거짓말이 반복되면

108 하나의 이야기가 끝나면 또 다른 이야기가 시작돼요

110 주변에 친구가 많다는 건 좋은 사람이란 뜻이에요

112 지금의 행복이 더 소중해요

114 오늘의 기억이 내일의 추억이에요

116 마음이 복잡할 때는 다른 일에 집중해보세요

118 겉모습보다 마음이 따뜻한 사람이 더 멋져요

120 의도적인 친절함을 구분할 수 있어야 해요

122 지금의 기쁨을 마음껏 누리세요

124 조금 천천히 가도 괜찮아요

126 자주 웃으면 마음이 단단해져요

128 더 큰 것을 바라기보다는

130 가까운 사이라도 모든 것을 알 수는 없어요

132 함께 가꾸어가는 행복도 의미 있어요

134 좋은 사람은 자신을 알며 겸손해요

136 누구든 사소한 단점 하나쯤은 있어요

138 다가오는 오늘을 온 힘 다해서 맞이하세요

140 인생의 과정을 지나가는 중이라고 생각하세요

142 마지막에 웃을 수 있으면 괜찮아요

144 세상에는 다양한 삶의 모양이 있어요

146 좋은 이별을 위해서

3 행복은 여기서 널 기다리고 있어

152 하나를 보면 열을 안다는 말

154 남의 기준에 나를 맞추지 말아요

156 기쁨이나 슬픔에 취해 나를 잃지 마세요

158 일상에서 느낄 수 있는 작은 즐거움이 행복의 열쇠예요

160 편견을 버리면 사랑의 진정한 모습이 보여요

162 인생의 작은 불행들은 그냥 흘려보내세요

164 욕심은 조금 덜어내면 어떨까요?

166 가끔 내가 아닌 타인을 바라보세요

168 당신의 배려에 감사할 줄 아는 사람을 선택하세요

170 무의미한 감정싸움은 되도록 피하세요

172 반드시 행복해지겠다는 결심을 해보세요

174 때로는 혼자만의 시간이 필요해요

176 성실한 태도는 인생의 보물과 같아요

178 당신이 서툰 것이 아니라 상대를 잘못 선택한 거예요

180 마음을 열고 새로운 세상을 눈에 담아보세요

182 좋아하는 사람이 있다면 용기 내어 말해보세요

184 애정 어린 쓴소리에 귀를 기울이세요

186 질투에 사로잡히지 마세요

188 사랑에는 시련이 따르지만 포기하지 않으면

190 서로의 차이를 즐기세요

192 조금 부족하다고 느껴져도 있는 그대로의 진심을 보여주세요

194 가끔 일상의 반경을 벗어나 새로운 경험을 해보세요

196 누구나 편안한 사람을 좋아해요

198 충실히 살아가는 오늘이 당신을 빛나게 해요

200 중요한 것은 나의 선택이에요

202 얼굴빛이 흐리면 인상도 흐려져요

204 순수함은 내면의 강한 힘이에요

206 사람마다 사랑의 방식도 달라요

208 불안의 감옥으로 스스로를 밀어넣지 마세요

210 사랑을 할 때도 마음의 공간이 필요해요

212 epilogue 반짝이는 내일을 기다리는 당신에게

Disney
Princess

완벽하지 않아서
더 사랑스러운
당신에게

1

상대방을 조금씩 깊이 알아가세요

좋아하는 마음을 전하고 나면 상대와 나의 마음의 거리가 급격히 가까워집니다. 그 사람을 알고 싶고 더 친밀한 감정을 나누고 싶어집니다. 그러나 불길이 타오른 자리에 재가 남듯 같은 크기의 애정을 돌려받지 못했을 땐 쓸쓸함이 몰려올 거예요. 조금씩 그리고 천천히 다가가세요. 시간은 충분히 있으니까요.

솔직하고 담백한 태도면 충분해요

누군가를 칭찬하기 위해 혹은 순간을 모면하기 위해 마음에도 없는 말로 자신을 낮춘 적이 있나요? 나를 낮춘다고 해서 상대방이 더 높아지는 것은 아니에요. 상대방도 당신이 진심으로 말하는 게 아니란 걸 느낄 거예요. 솔직하고 담백한 한마디 말이면 충분해요. 그리고 어떤 순간이든 자신을 낮추지 마세요. 솔직하고 당당한 태도가 당신의 매력을 더욱 돋보이게 해준답니다.

자연스러운 당신의 모습이
사랑스러워요

෴

애정을 준다는 것은 어떤 의미일까요? 그것을 알지 못해 인간관계에서 혼란스러워질 때가 있어요. 처음에는 어떻게 시작해야 하는지, 어떻게 다가가야 하는지 고민스러울 거예요. 그럴 때는 당신의 말과 몸짓에 마음을 담으려 해보세요. 그런 마음 자체가 이미 사랑스럽답니다.

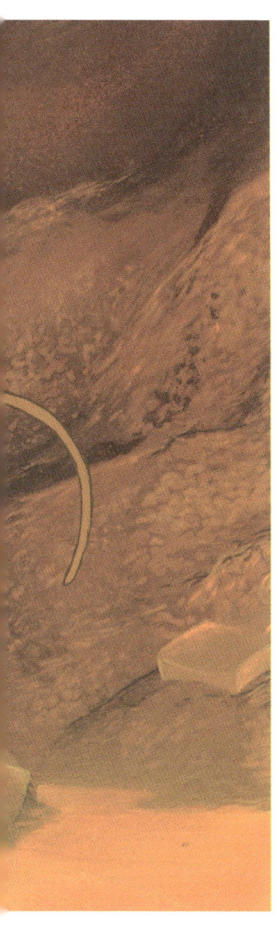

행복은 만족할 줄 아는 마음이에요

가진 것 없이도 행복할 수 있다는 말이 누군가에게는 진실이어도, 누군가에게는 그렇지 않을 수 있어요. 하지만 가진 것이 많다고 해서 저절로 행복해지는 것은 아니지요. 가진 것이 많아도 현재에 만족하지 못하는 사람은 채워지지 않은 욕심 때문에 늘 마음이 괴로울 거예요. 돈은 행복해지기 위한 조건 중 하나일 뿐이에요. 그보다는 자신의 현재를 인정하고 만족할 수 있는 마음이 행복을 가져다준답니다.

관계에서 징크스를 믿지 마세요

거울이 깨지면 나쁜 일이 생기고, 검은 새가 울면 반갑지 않은 손님이 찾아온다고 믿는 사람들이 있어요. 그런 징크스를 믿는 사람은 인간관계에서도 징조를 발견했을 때 자신도 모르게 불안해합니다. 평상시라면 하지 않았을 실수들도 하고요. 그 결과 실제로 좋지 않은 일이 생긴다면 징크스에 대한 믿음은 더 강해지겠지요. 하지만 불길한 징조와 실제 불길한 일 사이에 상관관계가 없다는 것을 깨닫고 나면 아무렇지 않아요. 인간관계에서 중요한 것은 그 사람과 나 사이에 쌓아온 감정과 신뢰랍니다.

사랑의 본질은 마음에 있어요

∽◈∽

진정한 사랑이란 무엇일까요? 사랑에 매뉴얼이 있을까요? 답을 찾기 위해 조언을 구하고, 책을 펼쳐봐도 사랑을 한마디로 정의하기는 힘들어요. 정말 알고 싶다면 용기 내 행동하는 수밖에 없지요. 사랑의 본질은 나의 마음에 있기 때문에, 그것을 꺼내어 보여주지 않으면 누구도 알 수 없으니까요. 그런 경험이 쌓이고 쌓여 언젠가는 사랑의 본질에 도착할 수 있을 거예요.

상황에 흔들리지 말고
자신의 길을 가세요

누군가의 한마디 말이나 행동, 처한 상황이 자신의 걸음을 옴짝달싹 못하게 묶어두는 것 같아 마음이 답답한가요? 사람의 운이란 늘 생각지 못한 방향으로 흘러서 지금 힘들어도 지나고 보니 그때 그렇게 되어서 차라리 다행이라고 생각되는 일도 많습니다. 그러니 지금 당장의 상황이나 타인의 말 때문에 일희일비할 필요 없어요. 그보다는 자신의 감정과 마음을 중요하게 여기며 앞으로 한 걸음씩 나가세요.

내가 좋아하는
나의 모습을 찾으세요

다른 사람들의 기준이나 말에 나를 맞출 필요는 없어요. 하지만 스스로 만족하지 못한다면 이야기가 달라요. 내가 나의 모습을 사랑할 수 없다면 내 삶 그리고 다른 사람들을 사랑할 수 없으니까요. 그러니 고치고 싶은 부분이 있다면 망설이지 말고 오늘부터 시작하세요. 어떤 일이든 오늘의 첫걸음에서 시작된답니다.

디즈니 프린세스
내일의 너는 더 빛날 거야

원하지 않는 것은 정확히 말하세요

하고 싶지 않은 일을 상대방이 요구했을 때 미움받을지도 모른다는 불안에 단호하게 거절하지 못하는 사람이 있습니다. 하지만 기분이 언짢은 채로 그 요구를 받아들이면, 상대방은 당신의 진심을 알아채지 못하고 같은 일을 반복할 거예요. 그러니 마음에 걸리는 부분이 있다면, 혼자만 마음에 담아두지 말고 분명한 이유를 덧붙여 거절 의사를 밝혀야 합니다. 상대방에 대한 신뢰가 있다면 그런 진실한 태도가 더 나은 관계를 만들어줄 거예요.

불안은 입 밖으로 뱉을수록
점점 커져요

~~~

문득 불안이 나를 잠식해올 때가 있어요. 그런데 불안한 감정은 실체가 없기 때문에 이야기하면 할수록 커지기만 할 뿐 마땅한 해결 방법이 없어요. 그러니 아직 오지 않은 일을 걱정하고 이야기하며 불안에 살을 붙이지 마세요. 만약 그런 감정을 다른 사람과 공유하고 싶다면 "요즘 자꾸 이런 생각이 드는데…"라며 불안한 감정에 대해 말하고, 그 끝에 "하지만 다 잘 해결될 거야. 그렇지?"라고 덧붙여보세요. 상대방은 그 말에 동의해줄 거고, 나의 불안감도 한결 나아질 거예요.

"괜찮아,
같이 해결하면 돼"라고
말해보세요

∽∽

일상적인 인간관계나 연애는 모두 두 사람이 서로를 마주 보는 일입니다. 그러니 필연적으로 문제나 갈등이 생기지요. 그런 상황에서 어떻게 대응하는지에 따라 앞으로의 관계도 달라집니다. 너무 막막해서 마땅한 대안이나 합의점이 보이지 않는 일이라도 일단 "괜찮아, 같이 해결하면 돼" 혹은 "괜찮아, 같이 생각해보자"라는 말로 시작해보세요. 그 말을 하는 순간 상대방은 편안함을 느낄 거고, 편안한 상태에서 더 깊은 대화를 나눌 수 있을 테니까요.

고민된다는 것은 당신에게
수많은 가능성이 있다는 뜻이에요

우리는 인생의 많은 순간 고민에 빠집니다. 결론이 나기 전까지 내가 한 선택이 맞는지 무척 괴로워하고 불안해하며 방황하지요. 이렇게 한번 생각해보세요. 정해진 길 하나밖에 없다면 오히려 고민할 필요가 없을 거예요. 인간관계도 마찬가지죠. 관계에 대해 고민한다는 것은 자신이 그 관계를 중요시하고 어떤 식으로든 조금 더 가까운 사이로 발전하기 바란다는 거겠지요. 그러니 때로는 비가 내려도 괜찮아요. 비가 그친 후 맑게 갠 하늘이 훨씬 더 아름답게 느껴질 테니까요.

작은 기쁨의 순간들을
소중히 여기세요

친구를 만나 즐겁게 대화를 나누거나 취미 생활에 푹 빠져 있는 시간, 혼자 조용히 산책하며 공상에 잠겨 있는 시간들이 그저 흘러가버리는 것은 아니에요. 그때 느낀 즐거움과 설렘과 작은 기쁨들이 당신을 빛나게 해줄 일상의 재료가 되어줄 테니까요.

당신은 충분히 매력적인 사람이에요

낯선 환경 혹은 매력적으로 느껴지는 사람을 만났을 때 왠지 나의 결점이 크고 치명적인 것처럼 느껴질 때가 있습니다. 그러면 자신감을 잃고 주눅이 들곤 하죠. 그럴 때는 "나는 이러한 매력을 가진 사람이야"라고 스스로에게 말해주세요. 그것은 따뜻한 마음이 될 수도, 분위기를 잘 파악한다거나 혹은 남다른 섬세함이 될 수도 있어요. 누구나 자신만의 개성과 매력을 가지고 있답니다.

당신은 이미 많은 것을
가지고 있는 지도 몰라요

멋진 연인이 있거나, 친구가 많은 사람들, 남들이 부러워할 만한 성과로 인생을 주인공처럼 사는 주변 사람들을 보면 부럽고 자신도 모르게 속이 쓰린가요? 남이 가진 것을 부러워하며 한탄해봤자 아무것도 바뀌지 않아요. 일단은 주어진 환경 안에서 꾸밈없는 모습으로 자신의 삶에 최선을 다하는 것이 먼저예요. 당신의 그런 생기 넘치는 모습이 다른 사람에게는 부러움의 이유일 수 있으니까요.

디즈니 프린세스
내일의 너는 더 빛날 거야

운이 좋은 사람이라는 마법 같은 말

갑작스럽게 불행한 일이 닥쳤을 때, 많은 사람들이 '운이 나쁘다'라고 생각합니다. 반면 행운이 찾아오면 '나는 정말 운이 좋은 사람이야'라고 생각하기보다는 당연하게 여기며 넘겨버리죠. 예고 없이 찾아온 시련으로 힘들다면 '나는 운이 좋은 사람이니까, 이 불행도 금방 지나갈 거야'라고 생각해보세요. 그리고 지금의 불행보다 이전에 경험했던, 혹은 앞으로 찾아올 행운에 집중해보세요. 내 안을 가득 채운 긍정적인 기분이 나를 행운으로 인도해줄 거예요.

행복을 타인과 비교하지 말아요

나의 연인은 연락이 뜸한데 친구가 자신의 연애담을 자랑하나요? 혹은 나는 힘든데 다른 사람들은 반짝반짝 빛나고 있는 것 같아 마음 한편이 씁쓸한가요? 그럴 때 그 기분 그대로 누군가와 부딪혀서는 안 돼요. 일단 시간을 두고 그때 느낀 자신의 감정을 돌아보세요. 아마 나를 괴롭히는 것은 처한 상황이나 타인의 악의가 아니라 자꾸만 나의 행복을 타인과 비교하는 '나'라는 사실을 깨닫게 될 거예요.

슬픔은 슬픔만이 안아줄 수 있어요

인생에는 괴로움과 슬픔이 따르기 마련입니다. 그럴 땐 어찌해야 할지 몰라 마음이 어지럽고 고통에서 도망치고 싶어지죠. 하지만 괴로움의 크기만큼 우리의 마음도 성장할 수 있어요. 한층 단단해진 마음과 여유로워진 시선으로 주변을 돌아보고 또 상대방의 괴로움과 슬픔도 이해할 수 있게 됩니다. 그런 당신을 상대는 한결 더 편안하다고 느낄 거예요.

화가 날 때는 차분하고
단호한 한마디면 족해요

∽

상대방이 큰 의미 없이 던진 말이나 행동에 마음이 크게 상해 다툰 적이 있나요. 감정에 나를 맡기는 것은 해결 방법이 되지 못해요. 당장은 속이 시원할지 몰라도 오히려 더 큰 앙금을 남기니까요. 그저 조용하고 단호하게 나의 생각을 담은 한마디면 됩니다.

사랑받고 싶은 만큼
먼저 사랑하세요

사랑이란 상대방을 위해 나의 것을 나누는 거예요. 그 안에는 누가 먼저이고 누가 얼마만큼 더 줬는지에 대한 계산은 없어요. 상대방이 나를 더 사랑하기 원한다면 내가 먼저 상대방을 더 많이 사랑해주세요.

디즈니 프린세스
내일의 너는 더 빛날 거야

타인의 말보다는
자신의 느낌을 믿으세요

∽

유난히 말솜씨가 좋은 사람들이 있어요. 유려한 말솜씨와 칭찬으로 기분을 붕 뜨게 만들죠. 그러다가 정신없이 휩쓸려가게 만들고요. 그런 말속에는 겉으로 보이지 않는 다른 목적이 숨어 있을지도 몰라요. 상대의 진심을 알고 싶다면 그 사람의 말보다는 그 사람의 분위기를 살펴보세요. 말은 말재주가 좋다면 근사하게 꾸밀 수 있지만, 분위기는 긴 시간 동안 경험이 쌓여 자연스럽게 느껴지는 거니까요.

하루에 하나씩 사소한 친절을
베풀어보세요

사람은 누구나 사랑받고 싶어해요. 그건 인간의 본성이에요. 반대로 생각하면 내가 먼저 친근하고 성실한 태도로 다가가면 상대방도 호의적인 태도를 보일 확률이 높다는 뜻이지요. 나에게 까칠하고 심술궂게 구는 사람이 있다면 먼저 인사하고 사소한 친절을 베풀어보세요. 어느 순간 그 사람의 태도가 부드러워지고 당신에게 호의를 보여줄 거예요.

디즈니 프린세스
내일의 너는 더 빛날 거야

좋은 사람이 되겠다는
강박을 버리세요

࿇

혹시 좋은 사람이 되기 위해 무리하고 있는 건 아닌가요? 노력하는 태도 자체는 훌륭하지만, 한쪽이 일방적으로 노력하는 관계는 좋지 않아요. 주변 사람들이 당신을 좋아하는 이유를 생각해보세요. 그건 당신의 지금 모습 그대로를 좋아하기 때문이에요. 가지지 못한 것에 얽매이기보다는 지금 가지고 있는 소중한 것들에 집중하는 것이 더 좋지 않을까요?

진짜 나의 모습을 보여줄 수 있는 사람

누군가를 만날 때 상대를 너무 좋아한 나머지 나를 버리며 모든 것을 맞추는 사람들이 있어요. 그러나 그 관계를 이어가기 위해 무리하고 억지로 참는 것이 진짜 행복일까요? 누구에게나 자신이 이상적으로 생각하고 좋아하는 모습이 있을 거예요. 그런 모습은 나에게 편안하고 긍정적인 기분을 느끼게 해주는 사람과 함께 있을 때 드러나죠. 만약 '내가 좋아하는 나의 모습'을 그대로 드러낼 수 있는 사람이 있다면, 그 사람은 당신에게 정말 소중한 사람이라는 것을 기억하세요.

세상에는 여러 가지 아름다움이 있어요

〜

화려한 외모를 가진 사람은 어디에서나 주목받습니다. 꽃이나 멋진 풍경과 같은 아름다움을 사랑하는 것은 인간의 본성이니까요. 그런데 세상에 다양한 사람들과 이상형이 있는 것처럼 아름다움의 기준도 한 가지는 아니지요. 시간이 지날수록 빛을 발하는 아름다움은 남을 배려하는 마음, 삶에 대한 열정적인 태도, 상대를 편안하게 해주는 분위기 같은 내면의 매력이에요. 그런 사람에게서는 빛이 나서 같은 말과 행동을 해도 더 매력적으로 느껴지니까요.

공감해주는 걸로 충분할 때도 있어요

어려움이나 고민을 털어놓는 친구에게 쉽게 하는 말 중 하나가 "사는 게 원래 그래" 혹은 "별일 아니야"입니다. 그런데 누구나 겪는 일이라도 어쩌면 당사자에게는 심각한 문제일 수 있어요. 같은 일이라도 어떤 사람에게는 더 큰 용기와 에너지가 필요한 일일수도 있지요. 원래 그렇다거나 이겨내라는 말로 가볍게 위로하려 하지 마세요. 그럴 때는 그저 그 사람의 이야기를 들어주고 공감해주는 것만으로 충분해요.

나의 기준으로 다른 사람을
판단하지 말아요

쉽게 판단하는 사람은 인간관계에서도 실수하기 쉬워요. 자신의 경험과 상상만으로 상대방을 규정하다 보면 갈등이 생겼을 때 내 안의 원인은 찾지 못하고 자꾸만 타인에게서 원인을 찾게 됩니다. 그런 태도는 더 큰 갈등을 불러옵니다. 다 안다고 생각하지 말고 문제의 원인은 내 안에서 먼저 찾으세요. 그리고 그것을 입 밖으로 꺼낼 때는 신중해야 합니다.

우리는 이미 소중한 것들을 가지고 있어요

우리 모두 사랑이 소중하다는 것을 알고 있어요. 하지만 그렇게 잘 알면서도 자신과 주변 사람들과의 관계에서 혹은 본인의 삶 속에 사랑이 결여된 채 살아가는 사람이 많아요. 사랑의 소중함을 잘 안다는 듯이 쉽게 행동하면 안 돼요. 사랑의 아름다움을 진심으로 이해하고 행동으로 표현하지 않으면 모르는 것이나 마찬가지랍니다.

조금 더 편안하게
자신을 드러내보세요

남들에게 잘 보이기 위해 무리해서 실제와 다른 나를 연기하고 있지 않나요? 그렇다면 조금 더 많은 사람들에게 좋은 인상을 심어줄 수 있을지는 모르겠지만, 정작 자신은 점점 지칠 거예요. 게다가 진심을 보여주지 못하는 관계는 언젠가 금이 가게 마련이죠. 지금보다 좀 더 편안하게 자신을 드러내어 보세요. 그것이 진짜 관계를 만드는 시작이 될 테니까요.

자신의 길을
찾은 이들은 반짝여요

그저 편하게 살 수 있다면 괜찮다는 마음으로 하루하루 살아가는 사람들이 있어요. 그 또한 삶의 한 방법입니다. 하지만 시간이 흐를수록 더 매력적으로 느껴지는 사람들은 노력해서 자신에게 어울리는 길을 찾은 이들이죠. 삶에 대한 진지한 열정과 태도가 그들을 반짝반짝 빛나게 해주니까요.

Disney
Princess

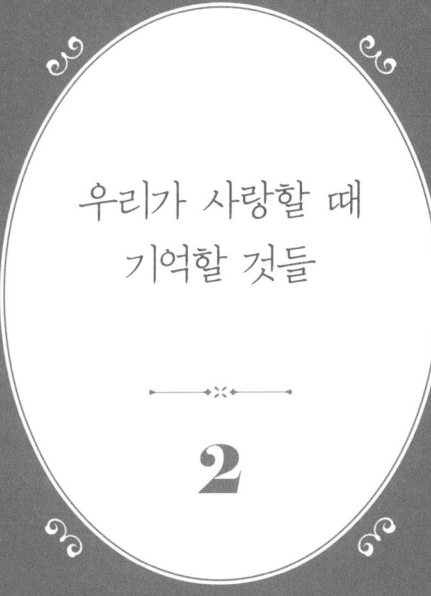

우리가 사랑할 때
기억할 것들

2

비 온 뒤 땅이 굳듯이 사랑도

누구나 좋아하는 사람과 좋은 이야기만 하고 싶어해요. 감정적으로 부딪히거나, 크게 싸우는 것을 피하고 싶죠. 하지만 비 온 뒤 땅이 굳는다는 말이 있듯이 그런 경험을 통해 서로 더 알아가고 깊이 사랑하게 됩니다. 그러니 상대에게 다른 의견을 말하는 것을 두려워하지 마세요.

행복이 무엇이라고 생각하나요

부와 명예, 세상이 추구하는 모든 가치가 충족되면 행복해질 수 있을까요? 중요한 것은 내가 가진 것이 아니라 행복에 대한 나의 생각입니다. 가진 것이 많아도 그것이 내가 생각하는 행복의 모습과 다르다면 행복하지 않아요. 누군가와 평생을 함께 하겠다고 결심할 때도 마찬가지예요. 행복의 조건에 대한 서로의 생각이 다르다면, 두 사람은 행복해지기 어려워요. 그러니 무작정 행복을 좇는 대신 자신만의 기준을 하나씩 세워나가세요.

가장 큰 감동을 주는 것은
한결같은 마음이에요

~~~

티끌 하나 없는 순수한 마음으로 누군가를 한결같이 좋아하는 데에는 엄청난 노력이 필요해요. 어려운 만큼 중요하고, 또 중요한 만큼 큰 감동을 주는 일이기도 합니다. 당신에게 중요한 사람이라면 그럴 만한 가치가 있으니까요.

불편한 마음이 들 땐
가만히 마음을 들여다보세요

∽

정확한 이유는 모르겠지만 불쾌하고 초조한 기분이 드나요? 그럴 때는 그냥 넘어가지 말고 확실하게 자신의 마음을 들여다보세요. 짐작 가는 바가 있다면 일단 그것부터 해결해야 해요. 누군가의 말이나 태도에 화가 났다면 대화로 풀어야 하죠. 원인에 대한 생각 없이 막연하게 기분을 바꾸려고 하다 보면 도돌이표처럼 같은 상황이 반복될 뿐이에요.

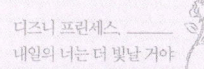

디즈니 프린세스
내일의 너는 더 빛날 거야

마음이 가라앉지 않도록
상대를 안아주세요

사랑하는 사람의 축 처진 어깨를 보면 당신도 마음이 좋지 않을 거예요. 그 슬픔을 나눠 갖고 힘든 감정을 조금이라도 덜어주고 싶겠죠. 중요한 것은 그 사람의 슬픔을 이해하고, 무조건적으로 공감해주는 거예요. 단, 함께 슬픔에 빠져들지 말고 당신은 차분하게 지상에 발을 디딘 채, 자꾸만 깊은 곳으로 가라앉으려는 그의 마음을 붙잡아주세요.

감정적이 되는 순간
심호흡을 한번 해보세요

∽

감정에 몸을 맡기는 일도, 감정에 사로잡힌 상대에게 동화되는 일도 좋지 않아요. 사람의 감정은 계속 변하기 때문에 믿을 수 없어요. 일시적인 기분에 휘둘리기보다 심호흡 한번 하고, 차분한 마음으로 평소의 자신이라면 어떻게 할지 곰곰이 생각해보세요. 그렇게 감정의 스위치를 전환하고 나면 좀 더 여유로운 마음으로 상황을 바라볼 수 있을 거예요.

사랑에 '만약'은 필요 없어요

더 높은 곳에 도달하고 싶은 마음은 사람을 더 성장하게 해요. 하지만 사랑할 때 더 좋은 사람이 있을지 모른다는 생각이 든다면 조심해야 해요. 지금 곁에 있는 사람의 소중함을 깨닫지 못하면, 앞으로 어떤 사람을 만나더라도 마찬가지니까요. 세상에서 말하는 '더 좋은 사람'과 '나를 행복하게 해주는 사람'을 헷갈려서는 안 돼요.

당신이 느끼는 그 마음에만
집중하면 돼요

"그 사람 정말 괜찮은 사람이야? 네가 좀 아까운 것 같은데…."
때로는 주변 사람들이 당신의 연애에 대해 이런저런 참견을 하기도 해요. 그런 말들을 하나하나 진지하게 받아들일 필요는 없어요. 자신이 너무 초라해 보인다거나 상대와 어울리지 않는다는 억측은 버리고 사랑의 진짜 모습을 보세요. 그리고 상대방이 나에게 전해주는 애정에 집중해보세요. 그곳에 답이 있어요.

실수는 돌이킬 수 없지만

좋아하는 사람에게 큰 실수를 하고 눈앞이 캄캄해진 경험이 있나요? 하지만 지난 일을 돌이키며 우울해하고 있어도 아무것도 달라지지 않아요. 결국 언젠가는 마주 봐야 한다는 사실을 기억하세요. 그 사람은 언제든 당신을 이해할 준비가 되어 있어요.

사소한 거짓말이 반복되면

이미 한번 금이 간 관계는 되돌리기 힘들어요. 선의의 마음으로 한 작은 거짓말이라도 상대가 알게 되면, 그 사람에 대한 신뢰를 잃고 말지요. 사랑하는 마음과 신뢰는 별개의 문제니까요. 작은 구멍이 커다란 둑을 무너뜨리는 것처럼, 대단한 사랑도 신뢰가 없으면 작은 바람에도 위태롭게 흔들린답니다.

하나의 이야기가 끝나면
또 다른 이야기가 시작돼요

∽∾

사랑하는 사람과 헤어지면 세상이 끝난 것 같은 슬픔을 느낍니다. 그럴 때 성급히 슬픔을 이겨내려 하거나 외면하려 하지 말고, 천천히 자신의 마음을 돌아보세요. 마음은 제대로 전달되었는지, 상대방의 애정에 너무 많이 기댄 것은 아닌지, 후회되는 것은 없는지 말이에요. 그리고 슬픔에 푹 빠졌던 마음을 건져내 다 털어내세요. 다음에 올 더 멋진 사랑을 기다리며 말이에요.

주변에 친구가 많다는 건
좋은 사람이란 뜻이에요

~∽~

항상 주변 사람에게 인기가 좋은 연인 때문에 서운했던 적이 있나요? 친구에게 그와의 시간을 뺏긴 것 같아 서운할 수 있겠지만, 달리 생각해보면 찾는 사람이 많다는 것은 그만큼 신뢰받고 인정받는 사람이라는 뜻 아닐까요? 오히려 그를 찾는 사람이 없다면, 반대로 걱정해야 할지도 모릅니다.

지금의 행복이 더 소중해요

사랑에 빠지면 걱정이 많아집니다. 상대방의 사랑이 식지는 않을지, 나의 모습에 실망하지는 않을지, 미리 걱정해도 아무 도움이 되지 않는 것에 대한 습관적인 걱정들이지요. 아직 오지 않은 미래를 걱정하는 대신 지금 이 순간을 즐기며 행복한 감정에 충분히 잠겨보세요. 마음이 훨씬 따뜻해질 거예요.

오늘의 기억이
내일의 추억이에요

세상 모든 경험은 의미가 있어요. 연애도 마찬가지입니다. 사랑에 빠지고, 결국 이별하게 되더라도 말이지요. 진심을 다해 사랑하고 사랑받던 기억을 간직하고, 나아가 실연 후 겪는 괴로움과 자책감을 극복하면 마음이 한 뼘 자라 있을 거예요. 사랑은 인간을 성장하게 해주니까요.

디즈니 프린세스
내일의 너는 더 빛날 거야

마음이 복잡할 때는
다른 일에 집중해보세요

연애를 할 때 때때로 근거 없는 불안감이 마음을 괴롭힙니다. 상대에게 심경의 변화가 있는 것은 아닌지, 좋지 않은 일이 생긴 것은 아닌지 상상의 나래를 펼치면서 말이지요. 그때는 상대방에 대한 생각을 잠시 멈추고 다른 일에 관심을 기울여보세요. 다른 일에 집중하는 동안 마음을 사로잡았던 불안감은 자취를 감추고 그런 걱정들이 사소한 오해에서 시작된 것임을 깨닫게 될 거예요.

겉모습보다 마음이
따뜻한 사람이 더 멋져요

아무리 멋진 사람이라도 나의 감정에 공감해주지 못하는 차가운 사람과는 진심을 나눌 수 없어요. 그 사실을 깨닫는 순간 한때 매력적이라고 생각했던 이성적인 면모와 지적인 매력도 반감됩니다. 말투는 조금 투박하더라도 상대를 위할 줄 아는 따뜻한 마음을 가진 사람을 만나세요.

의도적인 친절함을
구분할 수 있어야 해요

주변을 둘러보면 많은 이성 친구나 동료가 있습니다. 어떤 사람은 친절하고 또 어떤 사람은 까칠하게 굴기도 하지요. 그러나 친절한 사람이라고 해서 꼭 좋은 사람인 것만은 아니에요. 이유 모를 친절을 베푸는 이들 중에는 의도를 가지고 다가오는 사람들도 꽤 있습니다. 그런 사람에 대해서는 진지하게 생각할 필요가 없어요. 우리에게는 호의와 의도적인 친절을 구별할 수 있는 눈이 필요해요.

지금의 기쁨을 마음껏 누리세요

사랑의 기쁨을 순수하게 누리는 것도 쉽지 않아요. 자꾸만 이렇게 해야 하는 것은 아닌지, 자신의 사랑을 규정하고 하나의 정의에 가두려 하죠. 하지만 사랑이 무엇인지, 사랑의 기쁨이란 무엇인지 아무리 고민해봐도 모호할 뿐이에요. 그저 지금의 기쁨을 마음껏 누리세요. 나 자신이 행복하다면 그것으로 충분하지 않을까요?

조금 천천히 가도
괜찮아요

시간이 부족하다는 말을 입버릇처럼 내뱉으며 쫓기듯 사는 사람은 정작 중요한 것을 놓치기 쉬워요. 그런 시간들이 당신에게 꼭 필요한지, 시간을 잘 활용할 다른 방법은 없는지 곰곰이 생각해보세요. 바쁜 것이 자기 삶에 충실하다는 증거라고 말하는 사람도 있지만, 신경 쓸 필요는 없어요. 중요한 것은 '그 시간을 자신이 바라는 행복을 위해 쓰고 있는가'일 뿐이니까요.

자주 웃으면 마음이 단단해져요

강한 사람이 되고 싶다면 외면보다는 내면의 힘을 키우세요. 지식을 쌓거나 능력을 발휘하는 것도 중요하지만, 의외의 부분에서 사람의 진짜 깊이가 드러나기 마련이죠. 마음의 깊이를 키우는 가장 쉬운 방법은 자주 웃는 거예요. 나 자신에게 그리고 주변의 사람들에게 자주 웃어주세요. 웃음이 긍정적인 마음을 갖게 해주고, 내면을 단단하게 만들어주니까요.

더 큰 것을 바라기보다는

~~~

사랑받고 있다는 행복감에 취해 있는 것이 나쁜 것은 아니에요. 하지만 상대에게 자꾸만 더 큰 것을 바라서는 안 돼요. 무리한 요구로 상대방의 마음을 시험하려 하지 마세요. 사랑받고 있을 때일수록 겸허한 마음으로 상대를 더 배려해주세요.

가까운 사이라도 모든 것을
알 수는 없어요

∞

흔히 사랑에 빠지면 그 사람의 모든 것이 알고 싶어져요. 하지만 아무리 친밀한 사이라도 그 사람의 전부를 알 수는 없어요. 안다고 해도 그 모든 것을 진심으로 이해할 수 있을까요? 우리가 사회에서 맡은 바 역할이 있듯, 연인이 채워줄 수 있는 부분과 친구가 채워줄 수 있는 부분이 다를 거예요. 중요한 것은 서로가 서로에게 소중한 존재라는 사실뿐이에요.

함께 가꾸어가는 행복도 의미 있어요

누구나 행복해지고 싶어합니다. 그리고 누구나 각자의 방법으로 자신만의 행복을 꿈꿉니다. 혼자서 얻을 수 있는 기쁨도 있지만 사랑하는 사람과 함께 가꾸어가는 행복의 모습도 분명 멋질 거예요. '행복이란 것이 정말 있을까?'라고 의심하기보다 반드시 행복해질 거라고 믿으며 앞으로 나아가세요.

좋은 사람은 자신을 알며 겸손해요

일상적인 대화에서도 자신의 능력이 얼마나 뛰어난지, 자신의 지식을 다른 사람에게 자랑하듯 말하는 사람이 있어요. 작은 허세 정도라면 괜찮겠지만, 서로를 대등하게 생각하지 않고 당신을 내려다보듯 행동하는 사람이라면 피하는 것이 좋아요. 좋은 사람일수록 자신의 부족함을 알고 다른 사람의 장점을 배우려는 겸허함을 가지고 있다는 것을 기억하세요.

누구든 사소한 단점 하나쯤은 있어요

좋아하는 사람에게는 누구나 완벽한 모습을 보이고 싶어하지요. 하지만 때로 조금 부족한 모습을 보여도 괜찮아요. 매사 긴장하며 무리하면, 곁에서 그 모습을 지켜보는 사람도 덩달아 긴장하게 된답니다. 세상에 완벽한 사람은 없다는 것을 기억하며 부담감을 조금 내려놓으면 어떨까요.

다가오는 오늘을 온 힘 다해서 맞이하세요

전력으로 달린 뒤 맞이하는 시원한 바람은 얼마나 반가울까요? 선선한 온도와 부드러운 바람이 온 몸을 편안하게 감싸는 감각을 그 어느 때보다 충분히 만끽할 수 있을 거예요. 행복도 마찬가지예요. 행복을 충분히 느끼고 싶다면 우리가 일상에서 맞이하는 모든 순간에 전력을 다해야 해요. 그런 뒤 맞이하는 행복이 더 달고 맛있을 거예요.

인생의 과정을
지나가는 중이라고
생각하세요

살아가면서 맞이하는 힘든 순간들을 긴 인생의 한 과정이라고 생각하고 내려놓으면 마음이 조금 편해져요. 마찬가지로 인간관계에서 갈등이 있을 때도 너무 일희일비하거나 지레 겁먹을 필요 없어요. 인생이라는 커다란 강물 위에서 흘러갈 것은 흘러가고, 남을 것은 남을 테니까요. 시간이 모든 것을 정리해줄 거예요.

마지막에 웃을 수 있으면 괜찮아요

◈

우리는 늘 행복을 꿈꾸지만 매일 행복하지는 않죠. 과정을 보지 않고 결과만을 바라보며 다른 사람이 이미 얻은 행복을 마냥 부러워해도 소용없어요. 자신이 지금 가지고 있는 것에 집중하며 현재에 충실하게 살아가세요. 그리고 자신의 인생과 사랑을 소중히 여기며 살아가세요. 꼭 진정한 행복을 누릴 수 있을 거예요.

세상에는 다양한 삶의 모양이 있어요

세상에는 이상적인 삶과 행복에 대한 여러 정의가 있습니다. 앞서 살아간 사람들이나 권위를 가진 몇몇 사람들이 만들어놓은 정의죠. 하지만 그것이 누구에게나 진실일까요? 내가 알고 있는 세상에만 머물러 있는 눈을 돌려 시야를 넓게 보세요. 세상엔 다양한 행복의 모습들이 있어요. 그리고 진정한 행복은 자신의 믿음 안에서 시작된답니다.

사랑하는 사람의 마음이 변해 이별하게 된다면, 원망의 마음이 들겠지만 원망을 입 밖으로 내뱉지 마세요. 미움의 말 때문에 아름다운 추억마저 더럽혀지면, 그저 마음만 더 괴로워질 뿐이에요. 지금은 힘들겠지만 언젠가 이별의 상처를 극복하고 다시 돌아보면 애틋해질 그 추억을 소중히 여기세요.

Disney
Princess

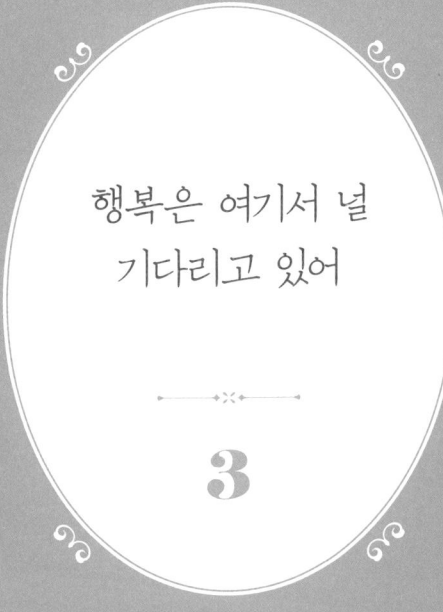

행복은 여기서 널
기다리고 있어

3

하나를 보면 열을 안다는 말

하나를 보면 열을 안다는 말이 있어요. 그와 비슷하게 아이와 동물을 사랑하는 사람은 마음이 따뜻하다는 말도 있습니다. 작고 연약한 생명을 소중히 여기고 아낄 줄 아는 사람이라면 누구에게든 좋은 사람일 확률이 높다는 뜻이겠지요. 당신 역시 소중하게 아껴줄 거예요.

남의 기준에 나를 맞추지 말아요

사랑의 타이밍, 결혼의 조건과 시기 같은 것에 대해 세상 사람들이 정한 암묵적인 틀이 있습니다. 사람들은 그것을 다른 사람들에게도 강요하려 하죠. 하지만 그것은 몇몇 사람들이 정한 가치관일 뿐이에요. 한 번뿐인 나의 인생을 타인의 가치관에 맞춰 살아갈 필요는 없어요.

인생에 오르막이 있으면 내리막도 있습니다. 행복 뒤에는 시련이 찾아오고요. 그러니 오히려 행복에 지나치게 취하는 것을 경계하세요. 반대로 시련은 인생의 다음 단계로 올라가기 위한 발판이라고 생각하세요. 그러면 기쁠 때나 슬플 때나 나의 모습을 잃지 않을 수 있을 거예요.

일상에서 느낄 수 있는
작은 즐거움이 행복의 열쇠예요

큰 행복만 좇는 사람은 금세 지치고 실망합니다. 그러나 큰 행복도 일상의 작은 기쁨에서 시작된다는 것을 아는 사람은 자신이 지금 당장 누릴 수 있는 작은 즐거움에 집중하죠. 사랑도 마찬가지예요. 상대방에게 너무 큰 기대를 하면 나중에는 실망하고 지치게 됩니다. 사소하지만 일상적인 것에서 두 사람의 기쁨을 찾아보세요. 그런 시간들이 두 사람을 더욱 돈독하게 만들어줄 거예요.

편견을 버리면
사랑의 진정한 모습이 보여요

∽∽

사람은 지금까지 살아온 환경과 관습에 따라 서로 다른 가치관을 가지게 됩니다. 하지만 그 가치관을 다른 관점에서 보면 편견이 될 수도 있어요. 보고 싶을 때는 언제든 만나야 한다는 생각도, 기념일에 호화로운 선물을 주고받아야 한다는 생각도, 어쩌면 편견일 겁니다. 연애에 대한 자신의 생각을 한 번쯤 돌아보세요. 편견을 버려야 비로소 상대방의 진정한 모습과 매력이 보일 거예요.

인생의 작은 불행들은
그냥 흘려보내세요

어느 누구도 불행을 피해갈 수 없어요. 누구든 불행과 마주하면 받아들이거나 흘려보내며 타협할 수밖에 없지요. 하지만 불행은 결코 오래가지 않습니다. 그러니 불행은 그 후에 찾아올 행복을 위한 인생의 작은 양념 같은 것이라고 생각하면 어떨까요?

욕심은 조금 덜어내면 어떨까요?

세상의 눈높이에 맞춰 높은 기준을 정해두진 않았나요? 어려운 일일지도 모르겠지만 가벼운 마음으로 살아가기 위해서 그 기준을 조금 낮춰보면 어떨까요? 그건 욕심을 내려놓는 일인지도 모르겠습니다. 그런데 그런 나의 욕심을 내려놓으면 타인의 평가에 휘둘리거나 타인의 시선을 의식하며 힘들어하지 않을 수 있어요. 자신이 좋아하는 모습으로 살기 위해 성실하고 순수한 마음으로 살아가다 보면 행복이 먼저 나를 찾아올 거예요.

디즈니 프린세스
내일의 너는 더 빛날 거야

가끔 내가 아닌 타인을 바라보세요

오로지 자신만 생각하고 나의 이익에 집중해도 갈증을 채울 수가 없나요? 오히려 그런 이기적인 삶은 우리를 지치게 만들죠. 흔히 하는 말이지만, 인간의 욕심에는 끝이 없어 아무리 바라고 가지더라도 만족할 수 없으니까요. 자기만 생각하는 이기심을 자제하고 상대방의 기분도 살필 줄 아는 사람에게는 남들도 도움의 손길을 내밀 거예요.

당신의 배려에
감사할 줄 아는 사람을 선택하세요

식당 하나를 고를 때도 상대방의 건강을 염려하고 취향을 고려하는 당신의 배려에 감사할 줄 모르는 사람은 그릇이 작은 사람입니다. 그런 사람은 '본인이 좋아서 하는 일'이라거나 '부탁한 적 없다'는 핑계를 대며 타인의 배려를 모른 체합니다. 자존심은 강하지만 자신감은 없으며, 당신의 배려에 대해 책임지는 것을 두려워합니다. 반대로 당신의 다정한 성격을 칭찬하며 세심한 배려에 진심으로 기뻐할 줄 아는 사람은 당신을 존중해주는 따뜻한 사람입니다.

무의미한 감정싸움은 되도록 피하세요

한번 싸움이 시작되면 자신도 모르게 상대방을 이길 때까지 계속하게 됩니다. 처음에는 상대방을 생각해서 한 말이라도 어느 시점부터는 의미 없는 말싸움에 치중하게 되지요. 연인 사이에도 의견이 엇갈리는 경우는 얼마든지 있습니다. 그럴 때는 흥분을 가라앉히고 차분히 생각해보세요. 감정싸움에서 이기는 것이 목적은 아니니까요. 중요한 것은 두 사람이 서로를 더 깊이 이해하고, 좋은 관계를 만들어 나가는 것이니까요.

진정한 행복은 '어떤 노력을 해서라도 꼭 얻고 싶은 것'이어야 해요. 그런 굳은 결심은 어떤 고난과 역경도 극복할 수 있는 큰 힘이 됩니다. 오히려 그런 행복을 찾아가는 과정에서 느끼는 즐거움이 행복의 정체라고 말할 수도 있겠지요. 반드시 사랑하는 사람과 함께 행복해지겠다는 신념을 잃지 마세요. 그런 사람의 마음속에는 진정한 행복의 씨앗이 숨겨져 있을테니까요.

반드시 행복해지겠다는
결심을 해보세요

때로는 혼자만의
시간이 필요해요

나의 의지와 상관없이 감정 기복이 심해질 때가 있어요. 그럴 때는 감정에 치우쳐 행동하지 말고, 혼자만의 시간을 가지며 마음을 진정시켜보세요. 시간을 두고 보면 숨겨져 있던 감정의 진짜 모습이 드러나기도 하니까요.

성실한 태도는
인생의 보물과 같아요

～⌒～

상대방이 당신의 생각을 존중하고 사랑에도 성실하다면, 그 사람은 더없이 소중한 존재입니다. 당신도 마찬가지로 그 사람을 존중하고 깊이 사랑해주세요. 일방적으로 한쪽에 맞추거나 강요하지 말고 서로를 그대로 인정해야 합니다. 그런 사이가 되면 쓸데없는 두려움이나 걱정은 사라지고, 그저 함께 있다는 사실만으로도 큰 행복을 느낄 수 있을 거예요.

당신이 서툰 것이 아니라
상대를 잘못 선택한 거예요

∽∾

항상 상대방에게 휘둘리거나 힘든 연애를 반복하는 사람은 어쩌면 자신이 사랑에 서툴러서 그렇다고 스스로를 탓할지 몰라요. 하지만 어쩌면 당신의 잘못은 사랑의 방법이 아니라 상대를 잘못 선택한 것인지도 모릅니다. 자신을 한번 돌아보고 원인이 당신의 행동이 아니라 상대에게 있다는 생각이 든다면 더 좋은 사람을 만나면 돼요.

살아가는 동안 우리에게 많은 가치관과 고정관념이 생겼지만 그것에 얽매이면 안 돼요. 오늘 당장 지금까지 부정적으로 봐온 것의 좋은 면을 발견할 수도 있고, 즐거울 거라 생각했던 일이 실제로 해보니 지루한 일일 수도 있으니까요. 경험을 통해서만 대상의 진짜 모습을 알 수 있어요. 지금 알고 있는 세계가 자신의 전부라고 생각하지 말고, 새로움에서 느껴지는 호기심과 설렘을 떠올려보세요. 새로운 행복에 눈뜨게 하는 것은 과감하게 도전하는 용기, 열린 마음이라는 것을 기억하세요.

마음을 열고 새로운 세상을
눈에 담아보세요

디즈니 프린세스,
내일의 너는 더 빛날 거야

좋아하는 사람이 있다면
용기 내어 말해보세요

～～

누군가를 좋아하게 되면 무엇을 먼저 하나요? 그의 취향에 대해 알아보나요? 아니면 괜히 주변을 맴돌며 좋아하는 사람의 눈에 띄기 위해 노력하나요? 사실 좋아하는 마음만 있으면 별다른 준비는 필요 없어요. 지금 느끼고 있는 감정을 그대로 전하세요. 꾸밈 없이 솔직하게 호감을 표현하는 것이 상대에게 좋은 인상을 남기는 가장 탁월한 방법이에요.

애정 어린 쓴소리에
귀를 기울이세요

상대방이 당신의 의견에 반대하거나 결점을 지적해도 바로 화내거나 실망할 필요 없어요. 기분이 상했더라도 잠시 멈추고 곰곰이 생각해보세요. 오히려 좋아한다는 말의 반대는 무관심이라고 하지요. 어른이 될수록 당신에게 그런 쓴소리를 해주는 사람들이 줄어들고 소중해질 거예요. 그것이 근거 없는 비난이나 인신공격이 아니라면 말이에요. 당신을 걱정하고 있고 소중하게 여긴다는 뜻이지요.

질투에 사로잡히지 마세요

질투에 사로잡혀 있을 때 거울에 비친 당신은 어떤 모습인가요? 거울 속 당신의 모습을 좋아할 수 있나요? 당신의 마음속에 그런 잔상이 남아 있다면, 다른 사람의 시선을 의식하기에 앞서 자신의 내면을 가꿔야 한답니다.

사랑에는 시련이 따르지만 포기하지 않으면

～

사랑에는 시련이 따르지만 그것을 극복하면 우리는 다채로운 매력이 느껴지는 사람으로 성장할 수 있어요. 눈앞의 욕심에 휘둘리거나 편안함만을 바라며 당장의 문제를 외면하면 달콤한 기분에 취할 수 있겠지만, 그 사랑에서 진정한 행복을 느끼기 어려워요. 비록 실연을 겪고 슬픔에 빠지더라도 자신을 포기하지 않고 진정한 사랑의 모습을 찾아가는 사람이라면, 결국에는 진짜 행복을 발견할 수 있을 거예요.

서로의 차이를 즐기세요

두 사람이 함께하는 시간이 늘어날수록 서로의 가치관이나 생활 패턴이 다르다는 사실을 깨닫게 됩니다. 살아온 환경이 다르니 어쩔 수 없는 일이지요. 때때로 상대방의 행동을 이해하기 힘들더라도 부정하지는 마세요. 당신과 다를 뿐 틀린 것은 아니니까요. 오히려 서로 간의 차이를 즐기며 그저 받아들여보는 건 어떨까요.

조금 부족하다고 느껴져도
있는 그대로의 진심을 보여주세요

보이기 위한 겉치레는 벗고 마음에서 우러나오는 겸허한 태도와 따뜻함으로 타인을 대하세요. 겉과 속이 일치하는 배려는 아름답지만, 말처럼 쉬운 것은 아니지요. 진짜 내 모습을 보였을 때 상대가 어떻게 생각할지 몰라 두려울 수도 있어요. 하지만 조금 부족해 보이더라도 억지로 꾸미지 말고, 내가 가진 진심으로 상대방을 마주하세요. 그것이 진정한 사랑을 가져다줄 거예요.

가끔 일상의 반경을 벗어나 새로운 경험을 해보세요

～

사람은 누구나 행복의 소질을 가지고 태어납니다. 달리 말하면 행복은 나의 관점에 따라 달라진다는 뜻이기도 하죠. 그러니 행복이 아득히 먼 곳에 있는 궁극적인 목표나 환상이라고 생각하지 마세요. 관점을 바꾸어 지금 우리 앞에 있는 작은 행복을 발견하고 그것을 소중히 여기며 키우는 것에 집중하세요. 또 행복해지고 싶다면 자신의 테두리를 벗어나 일상의 보폭을 넓혀보세요. 그럴수록 행복의 가능성은 커질 테니까요.

누구나 편안한 사람을 좋아해요

특별한 존재가 되고 싶다는 마음이 앞서 지나친 참견을 하면 상대는 부담스럽게 느낄 수 있어요. 당신은 애정이라고 생각하는 것을 상대는 이기심과 강요처럼 느낄 수 있거든요. 정말 그 사람을 위한다면 그저 편안한 존재가 되어주세요. 어쩌면 우리가 늘 원하고 필요로 하는 것은 편안함과 쉼일지도 몰라요.

충실히 살아가는 오늘이
당신을 빛나게 해요

오늘의 삶에 충실한 사람은 언제 봐도 생기가 넘쳐요. 바쁜 와중에도 미래에 대한 희망과 긍정적인 생각들이 그 사람을 반짝반짝 빛나게 해주죠. 반대로 정체되어 있는 사람은 몸은 편안할지라도 어딘지 우울해 보입니다. 그러니 하루하루 충실히 살아가세요. 일이든, 취미든, 연애든, 어떤 것이라도 좋아요. 나의 하루를 충실하게 채워줄 한 가지를 찾아보세요.

중요한 것은 나의 선택이에요

〜

선택의 순간에 나 자신이 아닌 세상이 정해놓은 조건을 따져본다는 것은 자신의 선택에 자신이 없다는 뜻입니다. 그런 사람은 사랑에 있어서도 마찬가지예요. 남의 인정이나 평가 없이는 자신의 선택과 판단이 옳다는 확신을 하지 못하는 것이죠. 그러나 나의 행복을 남이 정해줄 수는 없어요. 어떤 일이든 스스로 선택하세요. 물론 그 선택에 대한 책임도 당신 몫입니다.

얼굴빛이 흐리면 인상도 흐려져요

규칙적인 생활과 균형 잡힌 식사를 하세요. 이런 것을 그다지 중요하지 않게 느낄 수도 있겠지만 몸은 마음을 담는 그릇입니다. 마음을 담는 그릇이 깨지면 그 속에 담긴 마음도 안정적일 수 없겠지요. 반대로 신체적으로 균형 잡힌 사람은 타인에게도 심리적인 안정감을 줍니다. 자꾸 이유 없는 불안을 느낀다거나, 타인에게 우울해 보인다는 소리를 자주 듣는다면 내면뿐 아니라 자신의 외면도 함께 살피세요.

순수함은 내면의 강한 힘이에요

당신이 원래부터 지니고 있던 아름다운 마음과 순수함을 세상을 살아가는 동안에 잃어버렸다고 느끼나요? 지금이라도 괜찮아요. 순수함은 당신 내면에 잠재되어 있어요. 더 많은 것들을 편견 없는 마음으로 느껴보세요. 그리고 순수한 마음으로 더 많은 일에 도전해보세요. 그 과정에서 느끼는 행복은 머릿속으로만 그려온 행복보다 훨씬 더 큰 기쁨을 줄 거예요.

디즈니 프린세스
내일의 너는 더 빛날 거야

∽

연애뿐 아니라 삶의 전반적인 문제에서 자신의 경험을 바탕으로 한 사고방식이 모두에게 통할 것처럼 말하는 사람이 있습니다. 그런 이들은 실제 경험을 통해 얻은 강한 확신을 갖고 말하기 때문에 듣는 사람의 마음을 강하게 흔들어 놓습니다. 하지만 그대로 받아들이지 마세요. 각자가 나아가는 길이나 행복을 느끼는 부분, 그리고 사랑의 방식도 모두 다르니까요.

사람마다 사랑의 방식도 달라요

불안의 감옥으로
스스로를 밀어넣지 마세요

～

문제가 생길지 모른다는 막연한 생각에 사로잡히면 마치 불안의 실체가 바로 근처에 다가온 것처럼 느껴집니다. 그래서 자꾸 '그것'에 대해 반복해서 생각하고 집중합니다. 그러나 불안은 실체가 없어요. 자꾸 생각한다고 해서 명확한 방법이 있는 것도 아니지요. 그러니 자신을 불안이라는 감옥 속으로 자꾸만 밀어 넣지 마세요.

사랑을 할 때도
마음의 공간이 필요해요

사랑할 때 사랑의 행복이 눈부셔서 그 외의 것에 대해서는 관심을 잃는 사람들이 있습니다. 하지만 사랑에만 매달려 자신을 잃어서는 안 됩니다. 사랑이 당신의 전부는 아니니까요. 자신의 사랑을 소중하게 생각한다면, 사랑으로 얻은 행복을 주변 사람들과 나누고 그 사람 이외의 세상에도 관심을 가지세요.

반짝이는 내일을 기다리는 당신에게

월트 디즈니는 "다음 생이 있다면 아내와 다시 만나고 싶다"고 말했을 정도로 로맨틱한 면모가 있었다고 합니다. 그런 월트 디즈니의 성향과 사랑의 태도는 그가 만든 만화 영화 속 주인공들에게서도 잘 드러납니다. 특히 사랑스러운 면모는 디즈니 프린세스들을 표현할 때 가장 극대화되었죠.

디즈니 프린세스 중 '재투성이'라는 뜻의 이름을 가진 신데렐라는 척박한 환경 속에서도 사랑스럽고, 상냥하고, 로맨틱한 꿈을 꾸는 주인공으로 나옵니다. 신데렐라의 사랑에 대한 꿈이 구현되는 과정도 극적으로 그려지죠.

"힘내, 인생은 한순간에 바뀌기도 하는 거니까."

무도회에 가지 못해 창고 바닥에 주저앉아 엉엉 울고 있던 신데렐라에게 요정이 나타나 선물을 주며 하는 말입니다.

"네가 희망을 잃었다면 나는 나타나지 않았을 거야. 희망이 있기에 내가 도와주러 온 것 아니겠니."

인생의 진실은 사실 이 한마디 말에 담겨 있습니다. 그것은 마치 디즈

Epilogue

니가 불우했던 시절의 자신에게, 또는 인생의 과정을 지나는 중인 우리에게 하는 말인 것 같습니다. 인생은 때로 끝이 보이지 않는 기나긴 경기와 같고, 하나의 관문을 성공적으로 통과하더라도 다음 관문에서 좌절할지도 모를 일입니다. 그래서 질 것이 뻔한 경기에 임할 때 나도 모르게 기운이 빠지고, 미리 가능성을 한계 짓고 좌절하기도 합니다. 그럼에도 불구하고 포기하지 않는 사람에게는 극적인 반전이 기다리고 있다고 말이지요. 그것이 인생이든, 사랑이든 말이에요.

그리고 그런 희망을 꿈꾸며 살아가는 주인공들을 작품 속에서 누구보다 아름답고 사랑스럽게 그려놓았습니다. 이렇듯 디즈니는 자신이 만든 아름다운 동화 속에 삶의 메시지를 하나씩 숨겨두었지요. 지적인 벨, 상냥한 백설공주, 부지런한 신데렐라, 호기심 많은 에리얼, 용감한 자스민처럼 말이에요. 그 결과가 늘 해피엔딩이었던 것은 아니지만 적어도 그들이 사랑과 행복의 본질에 가까워졌다는 것만큼은 같습니다.

그러니 빛나는 미래를 꿈꾸고 있다면 이 책을 펼쳐, 디즈니 프린세스들의 이야기를 들으며 한 걸음씩 그 길에 가까워져보면 어떨까요? 이미 당신은 충분히 사랑스럽고 당신의 내일은 더 반짝일 거라는 믿음을 가질 수 있을 겁니다.

오늘의 특별한 순간들은
Today's special moments are

내일의 추억들이야.
tomorrow's memories.

옮긴이 정은희

고려대학교에서 영어영문학과를 졸업 후 일본어의 매력에 빠져 일본어로 된 책을 읽으며 번역가의 꿈을 키웠다. 이후 글밥아카데미 번역자 과정을 수료했으며, 현재 바른번역에서 전문 번역가로 활동 중이다. 옮긴 책으로는 《곰돌이 푸, 행복한 일은 매일 있어》, 《곰돌이 푸, 서두르지 않아도 괜찮아》, 《앨리스, 너만의 길을 그려봐》, 《미키 마우스, 오늘부터 멋진 인생이 시작될 거야》, 《미키 마우스, 나 자신을 사랑해줘》 등이 있다.

디즈니 프린세스,
내일의 너는 더 빛날 거야

1판 1쇄 발행 2019년 1월 21일
1판 7쇄 발행 2023년 12월 1일

원작 디즈니 프린세스   **옮긴이** 정은희

발행인 양원석
펴낸 곳 ㈜알에이치코리아
주소 서울시 금천구 가산디지털2로 53, 20층 (가산동, 한라시그마밸리)
편집문의 02-6443-8860   **도서문의** 02-6443-8800
홈페이지 http://rhk.co.kr   **등록** 2004년 1월 15일 제2-3726호

ISBN 978-89-255-6484-5 (03800)

※ 이 책은 ㈜알에이치코리아가 저작권자와의 계약에 따라 발행한 것이므로
   본사의 서면 허락 없이는 어떠한 형태나 수단으로도 이 책의 내용을 이용하지 못합니다.
※ 잘못된 책은 구입하신 서점에서 바꾸어 드립니다.
※ 책값은 뒤표지에 있습니다.